洋経済

連続起業家

メディア

業務管理・効率化

すごいベンチャー2021

前編

コミュニケーション

コンピューティング

営業

女性起業家・フェムテッ

エンタメ

週刊東洋経済 eビジネス新書 No.394

すごいベンチャー2021〔前編〕

本書は、東洋経済新報社刊『週刊東洋経済』2021年9月4日号より抜粋、加筆修正のうえ制作しています。情報は底本編集当時のものです。（標準読了時間 90分）

すごいベンチャー2021〔前編〕　目次

ベンチャー資金調達の大型化が止まらない

ベンチャー企業への投資熱が再び高まっている。スタートアップ情報プラットフォーム「INITIAL」によれば、2021年1～6月における国内ベンチャーの資金調達総額は3245億円と、前年同期比で26％増え、6カ月では過去最高額を記録した。2020年はコロナ禍の影響で後退したものの、デジタル化の機運が高まり追い風となっている。

顕著なのが、資金調達の大型化だ。資金調達総額は増える一方で、調達社数は18年をピークに減少。起業家に対する投資家の目利きが厳しくなる一方、注目企業には投資マネーが殺到している。

コロナ禍を経て投資が再燃

国内ベンチャーの資金調達総額と調達社数

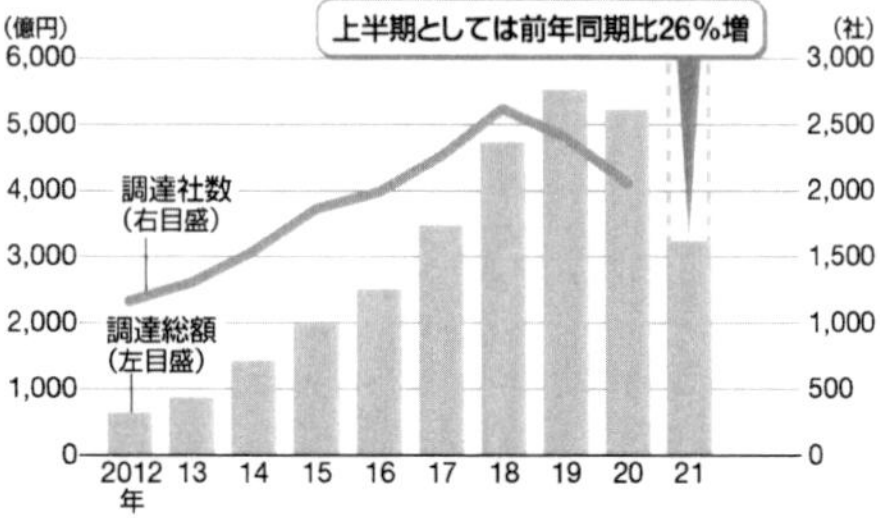

(注)2021年7月28日時点。21年は1~6月の実績。各年の値は基準日時点までに観測されたものが対象。データの特性上、調査進行により過去も含めて数値が変動する。調査進行による影響は金額が小さい案件ほど受けやすく、とくに調達社数が変化しやすい
(出所)INITIAL

VCと事業会社の投資が活発

投資家タイプ別投資額の推移

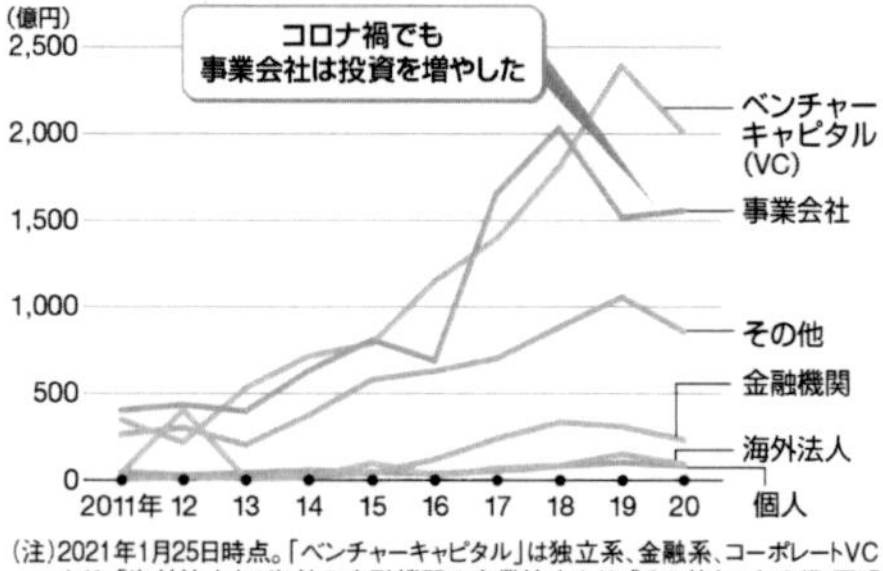

(注)2021年1月25日時点。「ベンチャーキャピタル」は独立系、金融系、コーポレートVCなど、「海外法人」は海外の金融機関や事業法人など、「その他」は未分類・不明を含む。各年の値は基準日時点までに観測されたものが対象
(出所)INITIAL

上半期の話題をさらったのが、人事労務のＳａａＳ（Software as a Service＝クラウドで提供するソフトウェア）を手がけるＳｍａｒｔＨＲ（スマートＨＲ）だ。２１年6月に１５６億円の資金調達を発表、推定企業評価額は約１７００億円となり、いわゆる「ユニコーン」（評価額１０億ドル以上の未上場企業）の仲間入りを果たした。

２０２０年1年間で１００億円以上の資金調達を実施したのは2社。だが２１年は上半期だけでも、スマートＨＲのほかにスマートニュースやＰａｉｄｙ（ペイディ）など4社に上る。7月以降も、紙やプラスチックの代替新素材を手がけるＴＢＭが約１３０億円、ＥＣ（ネット通販）構築支援のヘイが約１６０億円を調達した。大型資金調達で企業評価額も上がり、国内のユニコーンはすでに１０社を超えた。（次表に示す「資金調達シリーズ」欄の分類については、後の図「ベンチャーは成長段階によって分類される」に示した企業規模、各ステージを参照）

100億円以上を調達するベンチャーが続出

2021年1～6月の資金調達額上位20社

1	SmartHR	クラウド人事労務ソフト「SmartHR」	156	D
2	スマートニュース	ニュースアプリ「SmartNews」	142	※
3	Paidy	後払い決済「Paidy」	131	※
4	Mobility Technologies	タクシー配車アプリ「GO」	100	B
5	ネットプロテクションズホールディングス	後払いサービス「NP後払い」など	70	※
6	ネットスターズ	マルチQRコード決済サービス「StarPay」	66	※
7	アトナープ	微量分析装置の設計・製造	54	D
8	menu	フードデリバリー・テイクアウトアプリ「menu」	50	A
9	Heartseed	iPS細胞を用いた心筋再生医療の研究開発	40	C
〃	ユニファ	AIやIoTなどを用いた保育関連テクノロジー	40	D
11	ユビタス	クラウドゲームビジネスを支援するソリューションサービス	39	A
12	ビットキー	ID連携・認証と権利処理のデジタルプラットフォーム	31	D
13	シンクサイト	AIを活用した高速高精度なイメージ認識型のリアルタイム細胞分離システム	28	B
14	LegalForce	AI契約書レビュー支援ソフトウェア「LegalForce」	27	C
15	アクセルスペースホールディングス	超小型衛星の開発・打ち上げ・運用	26	B
16	WealthPark	場所を問わない収益不動産管理アプリ	25	C
〃	オープンエイト	AIによる動画の自動編集クラウドサービス「Video BRAIN」	25	C
18	Kyulux	有機ELディスプレーや照明に用いる次世代材料の開発	24	C
〃	ノイルイミューン・バイオテック	患者自身の免疫システムを使う「CAR-T療法」を主とした次世代型免疫療法	24	D
20	令和トラベル	アプリ上で完結する海外旅行サービス	23	シード

（注）2021年7月28日時点。基準日時点で観測された21年1月1日から6月30日までの資金調達明細が集計対象。ただし、借入金による調達金額は除く。調達額は資本増加を伴う資金調達のみが対象。事業再生系ファンドなどからの投資と判断できる場合はスタートアップへの投資と認識していないため含まない。対象期間内の調達として登記簿により確認が行えた場合は登記簿の金額を優先するため、企業の公表金額とは一致しない場合がある。上場企業や大企業を中心として設立・投資がなされた企業は、INITIALが定義するスタートアップではないと判断し集計に含めない（ディーカレットなど）。ドル建て調達については、登記簿で確認できた場合は登記簿の金額を優先し、未登記の場合は公表日の為替レートを用いて日本円へと換算。資金調達シリーズはINITIALの定義に準ずる。なお、※を付した企業は直近の評価額が算出不可、グループ会社内で調達の主体が変更されて継続した評価額の算出が困難、業態固有の特性により一律の評価額算出が困難などの理由からシリーズを付与していない

（出所）INITIAL

国内のユニコーン企業が10社を超えた

企業評価額上位20社（2021年8月5日時点）

1	Preferred Networks	深層学習とさまざまな専門分野の深い知識を掛け合わせた最先端技術の開発	3,517	D	160
2	SmartHR	クラウド人事労務ソフト「SmartHR」の開発	1,732	D	239
3	TRIPLE-1	ビットコインマイニング用の半導体「KAMIKAZE Ⅱ」の開発	1,641	D	40
4	Paidy	後払い決済サービス「Paidy」の運営	1,380	※	366
5	クリーンプラネット	新しいクリーンエネルギー技術の実用化の推進	1,299	C	14
6	リキッドグループ	仮想通貨取引所「Liquid by Quoine」の運営	1,274	C	13
7	TBM	紙・プラスチックの代替となる新素材「LIMEX」の開発	1,238	F	270
8	スマートニュース	スマートフォン向けニュースアプリ「SmartNews」の運営	1,222*	※	192*
9	Mobility Technologies	タクシー配車アプリ「GO」の展開	1,169	B	471
10	Spiber	構造タンパク質「Brewed Protein」の開発	1,153	D	359
11	HIROTSU バイオサイエンス	線虫および線虫嗅覚センサーを利用したがん検査	1,027	B	51
12	ヘイ	EC構築や決済、予約など小売りのデジタル化を支援する「STORES プラットフォーム」の運営	922	E	223
13	ネットプロテクションズ ホールディングス	後払いサービス「NP後払い」などの展開	908	※	108
14	アストロスケール ホールディングス	スペースデブリ（宇宙ゴミ）を除去する衛星の開発	774	E	211
15	ispace	月着陸船や月面探査車の開発	743	C	192
16	スリーダム	リチウム二次電池用セパレーターの開発	703	B	97
17	ティアフォー	自動運転用のオープンソースソフトウェアの開発	621	B	175
18	GVE	「EXC」を使ったキャッシュレス決済システムの開発	561	B	14
19	ビットキー	ID連携・認証と権利処理のデジタルプラットフォームの展開	550	D	90
20	エクサウィザーズ	AIプロダクトの開発と実用化	502	C	36

（注）「企業評価額」は調達後企業評価額を指しており、INITIALによる潜在株式を含めた推定算出。基準日時点の最新値を表示しているため、対象期間内の資金調達における調達後企業評価額と必ずしも一致していない。事業再生系ファンドなどからの投資と判断できる場合はスタートアップへの投資と認識していないため含まない。資金調達シリーズはINITIALの定義に準じる。※を付した企業は直近の評価額が算出不可などの理由でシリーズを付与していない。★スマートニュースは2021年6月末までに142億円の資金調達を観測しているが、評価額を算出中のため、現在判明している評価額と総調達額を記載
（出所）INITIAL

殺到する海外マネー

投資資金の出どころを探ると見えてくるのが、緩和マネーを背景にした海外投資家の存在。中でも「クロスオーバー投資家」と呼ばれる、上場企業と未上場企業の両方に投資するファンドが注目を集める。スマートＨＲの調達に資金を投じた新規５社は、いずれもクロスオーバーの海外ファンドだ。

成長期のベンチャーでは費用が先行し赤字が続く。株式上場後も株価を安定させるため、できれば中長期の成長を重視する投資家を入れたい。ベンチャーの成長段階は企業評価額で分類されるが、上場も視野に入る「レイターステージ」では大規模な資金調達が必要になる。そのため巨額投資ができる彼らの存在は大きい。

ベンチャーは成長段階によって分類される

ベンチャーの資金調達シリーズ

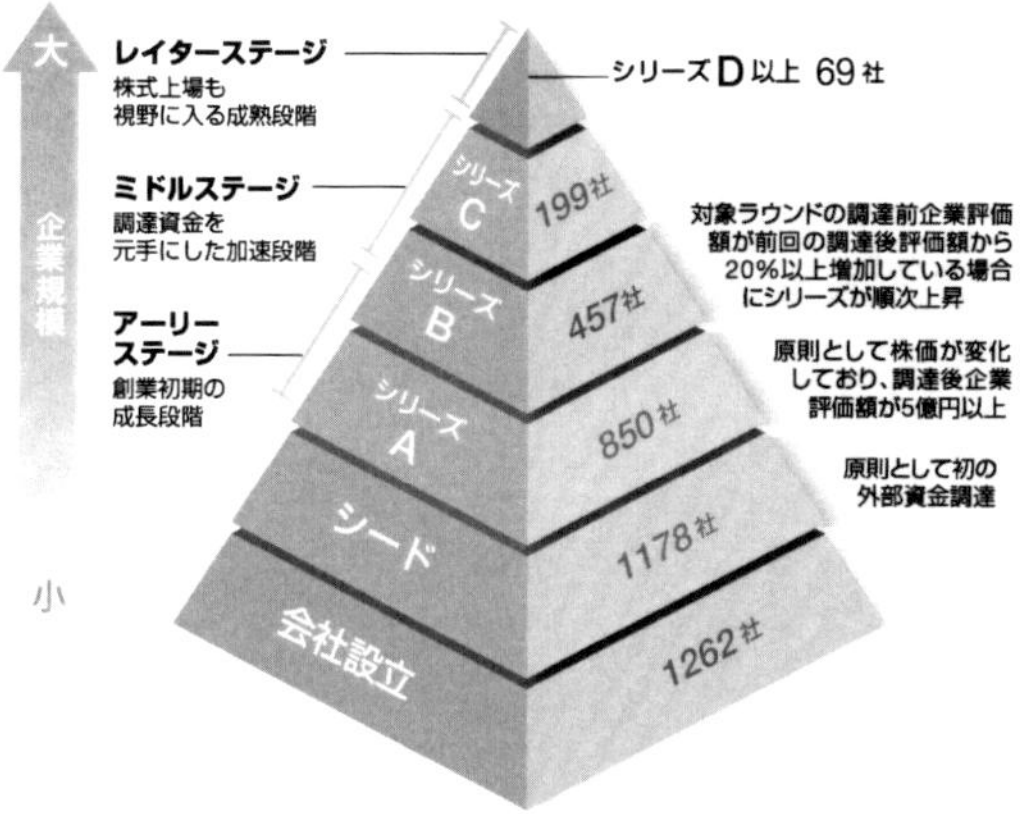

（注）2015年以降に対象となる増資があり、継続的に調査対象となっている企業4732社が対象。各シリーズの定義はINITIALの基準による。基準日（21年2月2日）時点の最新の増資にシリーズを付与。基準日時点の最新ラウンドが「判定不可」の企業は717社　（出所）INITIALの資料や取材を基に東洋経済作成

スマートHRの玉木諒CFO（最高財務責任者）は調達の1年半前から約150社の投資家と会い、その9割は海外資本だったという。「上場の時期は話せないが、長期の目線で事業を評価してくれるか、大きな規模感で投資してくれるかを重視した」（玉木氏）。

131億円を調達したペイディには、香港の上場株ファンド、タイボーン・キャピタル・マネジメントが出資。8月に80億円を調達した製造業の受発注プラットフォームを手がけるキャディにも、タイボーンなど複数のクロスオーバー投資家が入った。

2020年ごろからベンチャーの資金調達で海外投資家が目立ち始めた。前出のヘイには20年、米投資ファンドのベインキャピタルが出資。建設施工管理SaaSのアンドパッドには、世界最大手格のベンチャーキャピタル（VC）、米セコイア・キャピタルが出資、同社の日本初のベンチャー投資となった。

国内VC大手、グロービス・キャピタル・パートナーズの湯浅エムレ秀和ディレクターは、「米国だけでなく、香港やシンガポールなど世界の投資家にとって日本のベンチャー市場は未開拓。そんな中で起業家も成熟し、ベンチャーのサイズも大きくなった。われわれのところにも海外の投資家から一緒に投資できないかという話がよく来るようになった」と話す。

資金調達額が増えれば、ベンチャーの戦略も変わる。これまでは、人件費やテレビCMなどのマーケティング費用となることが多かった。しかし、「2ケタ億円の調達でM&Aが可能になる」と、複数のVC幹部は口をそろえる。ベンチャーがほかのベンチャーを買収するという現象も生まれている。

実際、スニーカーフリマアプリ「スニーカーダンク」を運営するSODAは、7月末に62億円を調達し、同業ベンチャーのモノカブを買収すると発表。モノカブの株主だったZベンチャーキャピタルの堀新一郎社長は、「M&Aで一夜にして企業規模が倍になる。できることが格段に広がる。これは投資家にもよいことで、イグジット(売却手段)を上場だけに頼る必要がなくなる」と指摘する。

起業家の層も厚くなった。象徴的なのが、何度も会社を起こす「連続起業家」が増えてきた点だ。

宿泊予約サービス「Ｒｅｌｕｘ」のロコパートナーズを創業し、ＫＤＤＩに売却した篠塚孝哉氏は、旅行ベンチャー・令和トラベルを設立。創業わずか3カ月で22億円を調達した。フリマアプリ「フリル」を楽天グループに売却した堀井翔太氏は、フィンテックベンチャー・スマートバンクを創業した。フリマでは後発のメルカリに圧倒されたが、「その反省を必ず生かす」（堀井氏）と意気込む。

女性起業家も増加している。女性の悩みを解決する「フェムテック」などの分野で起業が目立つ。国内ＶＣのＡＮＲＩは、現在運用中の250億円ファンドの20％以上を女性が代表の会社に投資する方針を打ち出した。佐俣アンリ代表は、「方針を出した後に女性起業家からの応募がものすごく増えた。僕らが動くことで変わっていけばいい」と話す。

分野別で見ると、ＳａａＳへの注目度はまだまだ高い。「日本はとにかくデジタル後進国。ＳａａＳのひっくり返す余地が非常に大きい」。ＶＣ大手・ＤＮＸベンチャーズの倉林陽マネージングディレクターはそう期待する。

ただ資金調達額や企業評価額のランキング上位の顔ぶれを見ると、ＡＩ（人工知能）、素材、エネルギー、医療、フィンテックなど多彩だ。ソーシャルゲームの大流行から

10年が経ち、ベンチャーの主戦場はB to Bとなり、技術力が競争を左右するようになってきた。

上場後の成長に課題

成長を遂げたベンチャーの大きな通過点といえるのが上場だ。しかし、ここに大きな課題がある。上場した多くのベンチャーが、成長し切れていない現状があるのだ。

新興の上場企業の資金調達支援を行うグロース・キャピタルと一橋大学の鈴木健嗣教授が作成した「上場後の成長の谷に関する共同研究レポート」によれば、13～19年に上場した企業が米ナスダック市場では450社、日本のマザーズとジャスダックでは計447社とほぼ互角だった。一方でその後時価総額が5000億円以上になったのは、ナスダックで56社、日本ではメルカリとペプチドリームの2社だけと大きな差が生まれている。

また、1997～2017年に新興市場に上場した企業の4分の1以上は、上場後3年間で売上高が伸びていないこともわかった。

「ベンチャーを増やすのはイノベーションのための手段。未上場のユニコーンばかりに注目するのではなく、ベンチャーの上場後の成長にも目を配るべきだ」。グロース・キャピタルの嶺井政人代表はそう主張する。

なぜ上場後に成長が止まってしまうのか。1つには上場時に成長投資の潤沢な資金を得られないという点がある。事前に証券会社などと決める公開価格と上場後の初値の差が大きく、投資家は儲かる一方で、ベンチャー側の調達額は少なくなるという指摘が出ている。

ベンチャー側にも改善すべき点がある。すべての企業が、冒頭のスマートＨＲなどのようにクロスオーバー投資家の支援を受けられるわけではない。前出の嶺井氏は、「時価総額が数百億円レベルでも、上場前から上場株の機関投資家とコミュニケーションを取ったり、中長期の戦略を積極的に発信したりすることが重要だ」と指摘する。

投資マネーは潤沢に注がれ、老若男女の起業家がひしめく。メルカリやフリーに続けと、次世代の〝金の卵〟たちが今激しく競り合っている。

（中川雅博）

「大型上場予備軍」の沸騰度

一度に数十億円、場合によっては100億円を超える資金を調達するベンチャー企業も今や珍しくなくなった。企業評価額をぐんぐん伸ばし、ユニコーンとなる企業も続々と生まれている。今後株式市場でも注目を集めるであろう「大型上場予備軍」の今を切り取る。

スマートHR（SmartHR）

人事労務のクラウドソフトウェアを手がけるスマートHRは21年6月、約156億円の資金調達を発表し、推定評価額が約1700億円となった。2019年の資金調達時は同約307億円だったため、急騰ぶりが際立つ。

スマートHRのソフトを使えば、従業員は雇用契約や年末調整などの労務手続きをスマートフォンやパソコンで完結できる。人事労務担当者は集まったデータを役所への電子申請にそのまま使える。

高い企業評価の背景には、過去1年でのサービスの急成長がある。SaaS企業の成長指標である「ARR」（年間経常収益、月額課金の収入を年換算した数値）は6月時点で45億円と、前年同期比で倍増。SaaSの上場企業と比べてもトップ10に入る規模だ。利用企業数は直近で4万社を超え、とくに従業員1000人以上の大企業の割合が3年前の約17％から21年5月時点で40％に拡大。一方で月次の解約率は0・4％と低い。

「選んだ市場がたまたまよかった」と宮田昇始CEO。労務手続きや役所への電子申請は日本全国どんな企業でも必要になる作業だが、「僕らはまだ市場の2％しか取れていない」（宮田氏）。調達資金で採用やマーケティングを加速する。

アタマプラス（atama plus）

全国の学習塾で導入が進むアタマプラスのＡＩ教材。ＡＩが一人ひとりの生徒を分析し専用のカリキュラムを作成する。中学・高校の数学、英語、理科などに、２１年からは小学校の算数も加わった。

７月には約５１億円の資金調達を発表。教育系ベンチャーでは過去最大規模とみられ、推定評価額は５１０億円となった。導入教室数は２５００を突破し、２０年４月の１０００から大躍進した。

いち早く導入した駿台予備学校では、当該コースの生徒の偏差値上昇幅が、他コースの生徒を上回るという成果が出た。２１年から全生徒への提供にも踏み切った。そのほかＺ会グループや城南予備校など、集団・個別問わず導入が進む。

「足元では１０００社が導入待ち。人が足りないことが最大の課題だ」と稲田大輔ＣＥＯは話す。現在１６０人の正社員を、２２年3月までに２５０人に増やす。

教材以外では駿台と共同開発した「オンライン模試」を拡大中。２０年１２月には立命館大学と連携協定を結び、教材の学習履歴を活用した新たな入試の仕組みの検討も開始。事業領域を着々と広げる。

アンドパッド

２０２１年初め、小売業や建設業の関係者がざわついた。ファミリーマートでデジタル戦略部長として活躍した植野大輔氏が、建設施工管理アプリを展開するアンドパッドのＣＭＯ（最高マーケティング責任者）に就任したのだ。

「銀河系軍団」。アンドパッドの経営陣について、複数の業界関係者がそう評する。２０年４月にはミクシィでＣＦＯ（最高財務責任者）を務めた荻野泰弘氏が、２１年２月にはメルカリの法務担当を経験した岡本杏莉氏が参画した。

同社のアプリは、受発注、写真・資料整理、工程表作成など現場の膨大な業務の情報をクラウド上で一元管理、業務効率化や経営改善につなげられる。２０年４月に５万社だった利用企業数は、２１年６月に１０万社を突破した。

事業規模が拡大し社員数が増大すると、経営理念の共有や迅速な意思決定を行い続けるのが難しくなり、組織運営の理想型は変わってくる。アンドパッドが幹部人材を強化するのもこのためだ。

ＩＰＯ（新規株式公開）も視野に入れるが、「それほど急いではいない」と稲田武夫社長。腰を据えて業界に食い込む構えだ。

ウォーブンテクノロジーズ（Wovn Technologies）

ウェブサイトやアプリの多言語化作業を効率化するＳａａＳベンチャー、ウォーブンテクノロジーズ。２１年７月に国内外の投資家から約３６億円を調達した。

同社の専用タグをサイトに埋め込むと、システムが回遊し、登場単語集を自動で作成。一度対訳が保存されると、サイト内の文脈に合った翻訳スタイルが学習される。サイト更新も自動で検知し、翻訳対応をしてくれるのが強みだ。

前回の資金調達は１９年５月。顧客に大企業が増え、約２年で売上高は約４倍に成長した。現在は金融やメーカー、小売りなど２万近いサイトが導入。日本語に対応したい海外企業の需要も増えた。

２２年初めの開始を目指す新規サービスが、文書をアップロードすると自動で翻訳されるクラウドストレージだ。これも法人向けに提供し、海外との業務を担う社員などが使えるようにする。「ネットの多言語化分野で世界的な黒子企業になりたい」（上森久之副社長）。

ハートシード（Heartseed）

iPS細胞による重症心不全の再生医療を開発するハートシードは6月、世界屈指の製薬大手・ノボ ノルディスクと、全世界を対象とする技術提携・ライセンス契約を締結した。ハートシードは一時金等の5500万ドル（約60億円）を含め、最大で総額5億9800万ドル（約660億円）を受け取る。8月には大学発ベンチャー表彰で文部科学大臣賞を受賞した。

慶応大学医学部循環器内科教授の福田恵一社長が開発した技術の実用化を目指し、2015年に設立された。iPS細胞を心筋細胞に分化誘導して作製した心筋球を、特殊な針で心臓の壊死した部分に移植、心臓の機能を再生させる。

ノボ社との契約により、ハートシードの対象エリアは国内から一気に全世界へ広がる。福田氏も「まず国内で条件および期限付き承認を取得し、数年後には米欧などでの国際共同治験に進む」考えだ。

心筋球による治療法は、世界の心不全患者2600万人の半数を占める収縮不全が対象疾患になる。今後は新たな適応や患者への負担が少ない投与法の開発も推進する。

（中川雅博、梅咲恵司、小長洋子）

次章からは、注目すべきベンチャー100社（前・後編あわせて）を紹介していく。

【連続起業家】

知見がある領域で複数回の起業や別領域へ挑戦

複数回の起業経験を持つ連続起業家。知見がある領域での起業、別領域への挑戦など内容はさまざまだ。

令和トラベル

【設立】2021年4月【資本金】23億円【社員数】15人

海外旅行予約アプリを準備中　創業3カ月で22億円超調達

コロナ禍に沈む旅行業界。ここでの勝負に挑むのが令和トラベルだ。創業からわずか3カ月、本格的なサービス開始前の段階で22・5億円の大型資金調達を実現し、業界内外を驚かせた。

２１年夏にも開始を予定するのが海外旅行予約アプリ。航空券とホテルを両方扱うツアー予約のサービスだ。

ツアーはこれまで、ＪＴＢなど大手代理店の独壇場だったが、「予約の手配はほぼ人の手で行っており、リアル店舗網や紙のパンフレットなどの費用も重い。デジタル化のしがいがあるし、（人員や技術負債を抱えていない）新興企業にこそ分がある」（篠塚孝哉社長）。各所とのシステム連携で徹底的に無駄を省き、大手をしのぐ低価格を目指す。

篠塚氏はリクルートでの勤務を経て、高級ホテル・旅館の予約サービス「Ｒｅｌｕｘ（リラックス）」の運営会社を起業。１７年に同事業をＫＤＤＩに売却、２０年にはトップを退任した。その後1年間、宇宙関連やネット通販などあらゆる領域で次なる起業を探ったが、知見が生きる旅行領域で、リラックスより広い顧客層を想定できる事業をつくりたいと考えた。

ツアー予約の次は、同行者との日程共有や、入国書類の管理といった機能を模索する。「海外旅行を、アマゾンで水を買うくらい簡単にできれば。小さい戦いはせず、最初からＪＴＢ、エイチ・アイ・エスに次ぐ第三極をつくるつもりで挑んでいる」（篠塚氏）

スマートバンク

【設立】２０１９年4月【資本金】1億円【社員数】１１人

プリカ連携の家計簿アプリ　夫婦間の共同管理も楽に

日本初のフリマアプリ「フリル」の生みの親が次なる挑戦の舞台に選んだのは、家計管理の領域だ。

スマートバンクが手がける家計簿アプリ「B／43（ビー・ヨンサン）」は、同社が発行・運営するVｉｓａプリペイドカードとセットで利用するもの。毎月の予算をプリカにチャージして使うと、明細が自動記録される。予算を目的別に分け管理できる「ポケット機能」もある。

もう1つ特徴的なのが、２１年7月に開始した「ペア口座」機能。アプリ上に夫婦やカップルなど2人で使える〝口座〟を開設でき、そこからの支払いや残高・入出金履歴確認を双方で行える。

銀行で共有口座を開設するのには家族確認書類などが要り、ハードルが高い。だが、一方が支払い、現金や送金で清算するのを面倒に感じる人は多く、今回機能を追加した。「とにかく利用者インタビューをするのが好き」という堀井翔太CEO。買い物や決済がデジタル化しても、家計管理は無印良品のパスポートケースや封筒、現金を用い〝見える化〟しているという声を多く聞き、衝撃を受けた。「これをスマホで簡便化したい」。今後は決済手数料や有料追加機能などで収益化を図る。

フリマでは後発のメルカリに圧倒された。「当時は（宣伝など）投資の思い切りで差をつけられた。今度はその反省を必ず生かす」（堀井氏）。

ファミトラ

【設立】2019年11月【資本金】500万円【社員数】17人

安価な家族信託サービス　親の認知症に備え親の資産守る

親が認知症になったときにかかる費用を捻出したいという人に向け、安価に組成できる家族信託サービスを展開している。

親が認知症になったとき、扱いが難しくなるのが親の資産（現預金、不動産、有価証券等）だ。本人名義の資産は子でも売却等はできない。資産運用して介護費を捻出しようにもかなわない現実がある。

解決策の1つが成年後見制度。裁判所に選任された後見人が本人に代わって資産管理を担う制度だが、家族が選任されるケースは少なく、大半は弁護士や司法書士など第三者が選ばれる。当人の資産を守ることを主眼とする制度ゆえに運用へのハードルも高い。

ファミトラが着目したのが家族信託だ。民事信託制度の一形態で、認知症になる前であれば資産運用を家族に託すことができる。受益権は本人に帰属するため、信託財産から生まれる収益は本人に入る。だが、専門家に頼めば提案書の作成までに半年以上、費用も100万円超に及ぶことが珍しくない。

そこで、信託組成の中核をシステム化することで時間と費用を圧縮。資産構成など基本情報をインプットすれば瞬時に提案書が完成。初期費用は4万9800円、年額で2万9800円にまで抑えた。

三橋克仁社長は「家族信託が終活のスタンダードとなるようにしたい」と展望を話す。

ラボット（LABOT）

【設立】２０１９年７月【資本金】２億５６９０万円【社員数】６人

「出世払い」のプログラミングスクール　アプリ経て「教育」に進出

プログラミングスクールを運営するラボット。中でも「CODEGYM ISA」は、在学中に入会金や授業料が発生せず、就職後の３０カ月にわたって額面給与の１０％、最大９９万円を学費として後払いする方式（所得分配契約＝ＩＳＡ）を採用し、注目を集めている。

ＩＳＡを活用すれば受講生は初期費用なしで１０００時間以上プログラミングを学べるため、現在の年収や家庭環境などに左右されることはない。就職に失敗した場合は学費の支払いは免除される。ＩＳＡを活用して２１年７月までに２５人が卒業、就職先にはサイバーエージェントやＤｅＮＡなど有名企業も並ぶ。

鶴田浩之CEOは、これまで大学生向け授業管理アプリ「すごい時間割」やゲーム攻略サイト「ゲームエイト」、本のフリマアプリ「ブクマ！」の立ち上げ・売却を経験した連続起業家。その後、メルカリでは執行役員も務めた。

米国などで急速に普及しつつある、卒業後の給与に応じた学費後払いのISAについて「誰もが平等に教育を受けられるという考えがすばらしいと思った」（鶴田氏）。今後はプログラミングだけでなく、ISAを他分野にも広げることを目指す。

具体的には専門学校などの教育機関の授業料を学生の代わりに支払い、就職後に回収する「教育ファンド事業」を構想。鶴田氏は、「ISAを使う教育機関が増えれば進路の選択肢も広がる」と語る。

（長瀧菜摘、野中大樹、武山隼人）

〔注：各社の記載データ〕【資本金】は資本準備金を含む。【社員数】は役員を含む正社員の数。2021年8月19日時点の数字で万円未満切り捨て。（以降の記載も同じ）

【女性起業家・フェムテック】

女性の悩みやキャリア開発に取り組む女性起業家

女性の健康の悩みを解決するフェムテックや女性のキャリア開発に取り組む、女性起業家ベンチャーを紹介する。

ビボラ（vivola）

【設立】2020年5月【資本金】3150万円【社員数】3人

不妊治療のデータ検索を簡便化「患者に武器を」実体験で痛感

時間と費用をかけても、成功するかは未知数。不妊治療に臨む夫婦の不安軽減を目指すのがビボラだ。

21年4月に開始したスマホアプリ「cocoromi（ココロミ）」では、通院スケジュールや治療内容のログを管理できる。治療の成功率や平均期間・費用といったデータも、疾患の有無や年齢など自分と似た属性の人に絞って検索可能。現在はすべて無料だが、詳細なリポート作成などの有料機能も付加していく計画だ。

起業の背景には角田夕香里CEO自身の不妊治療経験がある。「治療方針や料金は病院ごとに違う。患者側にもデータの武器が必要だ」。

医療機関向けサービスも準備する。その1つがオンライン診療システムだ。不妊治療は通院頻度が高い一方、専門医院の数は限られる。そこで通院負担を減らすべく、検査結果をビデオ通話で聞けたり、経過観察的な検査を地域の産婦人科で代替できたりする連携システムを構築中だ。

もう1つが類似症例データベースだ。ココロミや連携医療機関を通じ、今後2年で3万人分の体外受精データ取得を構想。治療方針策定の一助となる情報サービスを作る。

22年4月からの保険適用で不妊治療の現場は一変する可能性がある。「治療の標準化・効率化が求められるようになる中、患者や病院にとって当たり前の選択肢になるサービスにしたい」(角田氏)。

メロディ・インターナショナル

【設立】2015年7月【資本金】5億2193万円【社員数】17人

妊婦と胎児の遠隔健康管理　8カ国に進出、使い方の逆輸入も

手のひらサイズの端末が捉えるのは、胎児の微細な「心拍」だ。香川県高松市に本社を置くメロディ・インターナショナルは、小型で持ち運べる遠隔モバイル胎児モニターを手がける。

内蔵されているのは胎児心拍計と外測陣痛計。いずれも妊婦と胎児の健康を確認するうえで重要な役割を果たすが、一般のモニターは大型で病院から持ち出せない。小型でも正確に計測でき、かつ医者がデータを遠隔ですぐ確認できるようにしたのがメロディの技術の強みだ。現在は医療機関へ、サブスクリプションモデルで提供している。

国内では約70施設が導入。過疎地に住む妊婦の健診の一部代替などに使われている。

日本以上に高い需要があるのは、人口比で産科医の少ない新興国だ。すでに8カ国に進出し、21年7月には中東地域に強い商社と販売・宣伝で連携することも発表した。

医療へのICT活用が進むタイなどでは、メロディのシステムとSNSを連動させる運用、緊急搬送時の救急車と中核病院とのデータ連携など新しい使い方も次々考案。日本への逆輸入も進めている。

産科医不足は日本でも課題となりつつある。「すべてのお母さんに1台使ってもらえるよう、生産や販売を強化していく」(尾形優子CEO)。

メロディ・
インターナショナル

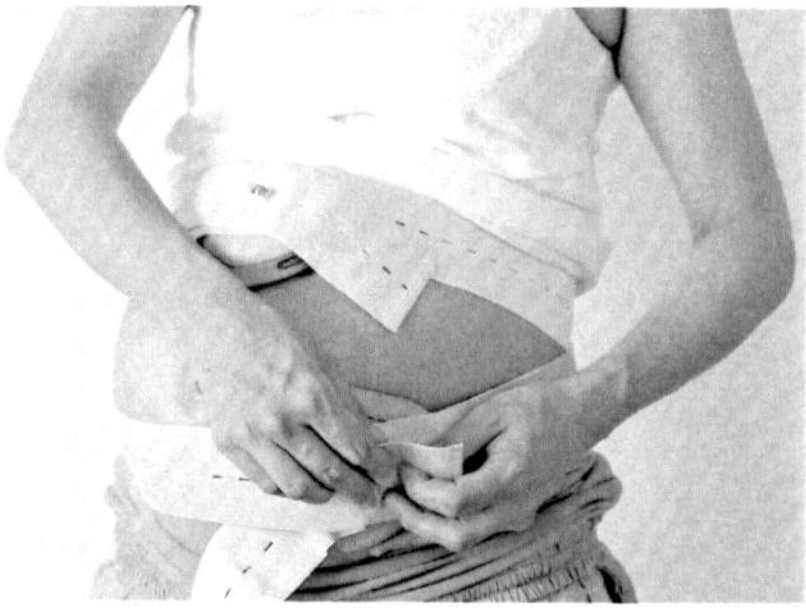

メロディの端末は数百グラムの軽さで水洗い可能。尾形CEOは産婦人科電子カルテ事業での起業経験も

バイタログヘルス（Vitalogue Health）

【設立】２０２０年4月【資本金】４０００万円【社員数】３人

郵送のホルモン検査キット　医療や検査のUXを変えたい

自宅でできるホルモン検査サービス「ｃａｎ（キャン）ｖａｓ（バス）」を手がける。ネットで問診に回答し、自宅に届いたキットで自己採血。ポスト投函で同社の連携検査センターに返送する。ホルモン値の結果や医師のリポートは後日マイページに届く。

妊娠を見据えた健康チェック、更年期に関する健康チェックの2種類を展開。希望者には提携病院受診も案内する。

長谷川彩子ＣＥＯは起業前、激務の中でパフォーマンスを保つのに難儀した。そんな折、よい医師に出会いホルモンで体調のあらゆることがわかると知る。一方で、「医療や検査のＵＸ（利用体験）には疑問を持った」。場所や時間に縛られず検査できれば。これが起業の原点になった。

苦労したのは、病院での検査と遜色ない精度を担保すること。東京大学の薬学系研究科卒の長谷川氏が自ら機器を購入し研究、血液分析の独自アルゴリズムを構築した。

今後は女性領域以外のキットも増やす。「（男性から遠い印象の）フェムテックではなく、ヘルステック企業として成長したい」（長谷川氏）。

SHE（シー）

【設立】2017年4月【資本金】3億9600万円【社員数】37人

若手女性向けキャリアスクール「挫折」防ぐあらゆる仕掛け

20～30代女性が主な対象のキャリアスクール「SHElikes（シーライクス）」を運営。受講者はWebデザイン、デジタルマーケ、動画編集など25のコースを自由に学べる。

受講料は12カ月受け放題プランで月額1万3567円（税込み）。入会金も約16万円と決して安くはないが、累計受講者は3万人超に上る。

最大の特徴は「挫折させない」工夫だ。受け放題が前提の料金プランであるため、受講者はさまざまなコースを〝つまみ食い〟しながら自身に合った進路を選べる。

各コースはオンラインの講義動画で進むが、講師に直接質問できる機会や、同時期に学ぶ受講者やスタッフと進捗を確認し合う機会も用意。さらにコース修了者に、初歩的な業務の斡旋も行っている。

「キャリアスクールはあまたあるが、漠然と〝変わりたい〟という思いを持つ人への解がなく、そこに目を向けた」（福田恵里CEO）。提供する学びの領域はマネーや美容にも拡大中。今後は受講者の行動分析を深め、高いモチベーションを維持する仕組み開発などを進める構えだ。

ベアジャパン（Be-A Japan）

【設立】2020年3月【資本金】2億0200万円【社員数】11人

技術が強みの吸水ショーツ　吸収量で世界一の水準

フェムテックの注目製品が、生理用吸水ショーツだ。下着自体が経血を吸収するためナプキンが不要となり、かぶれにくく蒸れにくい。資源の節約にもなる。

技術力を強みに、昨夏の発売以来、ネットや百貨店などで5万枚超を販売したのがベアジャパンだ。特許も取得した特殊構造のショーツは経血の吸収量が120～150ミリリットル。「世界でもトップ水準で、一日をこのショーツ1枚で過ごせる」と、山本未奈子CEOは話す。

山本氏と共同創業者の高橋くみ氏はともに母子家庭で育ち、「女性の悩みを解消し活躍できる社会にしたかった」（山本氏）。2人は2009年に化粧品会社を起業した後、4年前に米国の吸水ショーツを知り開発を決意。しかし求める技術が高く、製造委託では20社近くに断られた。それでも尿漏れパンツの技術を持つ九州の工場を説得し、2年半かけ商品化にこぎ着けた。

模倣品が出回りやすいが、「海外展開も見据え、日本だけでなく欧米や中国でも国際特許を申請中」（高橋氏）。ベテラン起業家が世界に挑む。

ブラスト（BLAST）

【設立】2018年1月【資本金】1億1209万円【社員数】5人

吸水ショーツ「Nagi（ナギ）」で成長　メディア事業から軸足転換

女性が生理期間中、1枚で過ごせる吸水ショーツのブランド「ナギ」を展開する。特許申請中の積層構造で最大105ミリリットルを吸水。繰り返し使え、環境意識の高い女性に支持されている。

ショーツには吸水量の異なる「フル」「スタンダード」「スリム」の3タイプがあり、それぞれ4～5サイズ、4～6色を用意。幅広いラインナップを持つのが強みだ。

女性向けの情報メディア事業から出発した同社だが、「身に着けるものを通じ女性を支援することもできると思った」（石井リナCEO）ことからナギを開発。発売時に準備した2000枚が1週間で完売し、手応えを感じた。現在はメディア事業を休止し、ナギの育成に全力投球する。

販売はオンラインが主体だが、実物を見てから買いたいという需要も多く、ユナイテッドアローズの一部ショップなど実店舗の販路も開拓中。贈答用のギフトカード、学割などのサービスも始めた。

今後は尿漏れなど別の悩みに応える商品の開発も模索。「世界展開を視野に生産体制や人員を増強する」（石井氏）。

（長瀧菜摘、中川雅博）

【大学発】

研究成果を実用化し社会問題や困り事を解決

研究で得られた成果を実用化し、社会問題や困り事を解決する。ユニークなビジネスが盛りだくさんだ。

コネクト（Connect）

【設立】２０１８年5月【資本金】１億円【社員数】９人

マヒした身体を再び動かす　慶大研究室から脳卒中の患者へ

脳卒中により身体がマヒした患者が、再び腕を動かせるようリハビリするための装置を開発する。この技術は「ブレイン・マシン・インターフェース（ＢＭＩ）」と呼ばれる。

患者は頭と腕に器具を装着し、「物をつかみたい」と念じる。ヘッドギアが脳波を計測し、PCに転送する。専用ソフトで分析され、傷ついた神経の近くにある神経が一定程度興奮したと判断されたら、腕に装着したロボットが運動をアシストする。すると、念じたことで身体が動いたという情報が脳にフィードバックされるため、このリハビリを繰り返すと、BMIなしでも手が動くようになるのだ。

1日40分のリハビリを10日間続けると、マヒの症状が6カ月以上続いた患者でも、7割の人がある程度指を動かせるようになった。柔軟に神経回路を書き換えることができる脳の「可塑性」が働き、別の経路が形成されたためだ。

代表の牛場潤一氏は慶応大学理工学部准教授で、研究成果を事業化した。パナソニックと産学連携で開発していたが、同社が医療分野から撤退したため、18年に設立。2022年には医療機器としての許認可を取得し、販売する予定。「原理を追い求めるだけでなく、見つけたものをビジネスで世に広めたい」と話す。

Connect（コネクト）

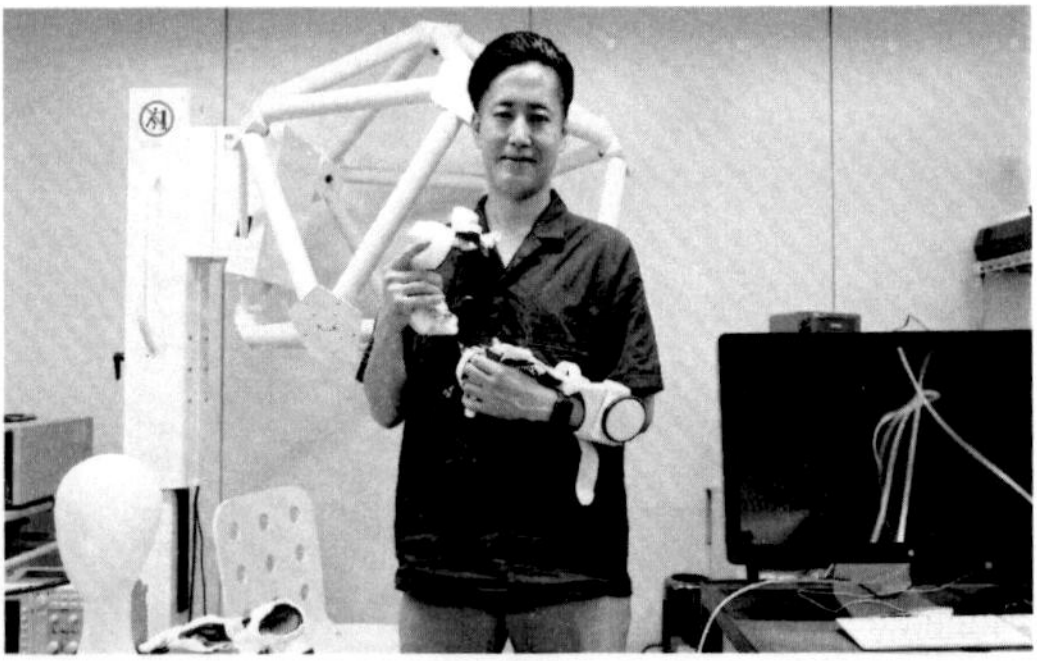

開発したBMIの器具と牛場氏。1台600万円程度になるという

グリラス

【設立】2019年5月【資本金】2億8200万円【社員数】11人

徳島大発 食用コオロギの生産 世界のタンパク源不足を救う昆虫

食用コオロギの生産、販売を手がける。コオロギの研究で30年近い実績を持つ徳島大学の教員、渡邉崇人CEOが19年に創業した。

コオロギはタンパク質などの栄養素を豊富に含む。30日ほどで成長し、家畜と比べ飼育にかかる環境負荷が少ない。「30年にはタンパク源不足が深刻化するといわれている。今ここで自分たちがやらないと始まらない」（渡邉氏）という思いからだった。

2020年には良品計画が運営する無印良品と共同開発した「コオロギせんべい」がヒット。21年6月には自社ブランド「C・TRIA（シートリア）」を立ち上げ、コオロギの粉末を混ぜたクッキーやチョコクランチを発売した。今後は菓子に限らず、さまざまなシーンに合う商品を拡充していく。

生産や研究の拠点整備も進める。20年に自動車部品メーカー、ジェイテクトと業務提携、コオロギの自動生産システムの開発に着手した。20年末にはビヨンドネクストベンチャーズなど複数のVCから計2・3億円を調達。徳島県美馬市の廃校での生産拠点設立などに充てた。数年内に生産量を年数トンから100トンに増やす計画だ。さらに別の廃校で、コオロギの品種改良を目的とした研究拠点を設立した。

近い将来、コオロギのふんを肥料に農産物を育て、残渣（ざんさ）をコオロギの餌にする完全循環型生産システムを構築する。

京都フュージョニアリング

【設立】2019年10月【資本金】3億4000万円【社員数】8人

核融合市場に斬り込む　京大研究者たちが設立

世界各国がカーボンニュートラル（温室効果ガス排出実質ゼロ）を目指す中、核融合技術への注目が高まっている。「地上に太陽をつくる」と称される核融合炉の実現に向けて世界中のスタートアップがしのぎを削っており、米マイクロソフト創業者のビル・ゲイツ氏も米ベンチャーに出資している。

世界で過熱する核融合スタートアップだが、日本でこの領域に挑む企業はわずか。その1社が京都フュージョニアリングだ。新電力で再生可能エネルギーの関連事業に携わった経験を持つ長尾昂代表と、京都大学で核融合を研究する小西哲之教授が意気投合して設立に至った。

長尾氏は「核融合で生じる熱エネルギーを利用すれば発電だけでなく、空気中の二酸化炭素を固形化するなど、脱炭素マシンとしても使える」と核融合技術は気候変動対策に資する技術だと強調する。

同社が販売するのは核融合炉に不可欠なブランケットなどだ。ブランケットは2億度のプラズマの周りを覆い、熱エネルギーを取り出す。核融合炉の重要部品で、小西教授の研究成果に裏打ちされた製品は高い耐熱性を誇る。

しかも、ブランケットは2~3年で交換が必要になる消耗品。そのため、確実に安定した需要が見込める製品だ。

核融合スタートアップなどに対するコンサルティングも行う。すでに世界の研究機関などと商談を進めている。

コアラ テック（KOALA Tech）

【設立】2019年3月【資本金】2億9976万円【社員数】10人

画期的な半導体レーザー　スマホへの搭載を狙う

コアラ テックは、世界で初めて有機半導体レーザーダイオード（OSLD）を開発した。OSLDは青から近赤外線まで任意の波長のレーザーを発振でき、従来の無機レーザーでは難しかった波長を作れる。有機ELディスプレーに組み込めることや安価な製造コストも強みだ。

代表のリビエル・ジーン・チャールズ・モーリス氏はフランス人で、2013年から九州大学で研究。日本人とフランス人の研究者1人ずつと計3人で19年に会社設立した。

最初にOSLDの搭載を狙うデバイスはスマートフォンだ。有機ELディスプレーを使ったスマホの割合が増える中、ディスプレーと生体認証センサーが一体になったスマホを実現する。日本や韓国の大手ディスプレーメーカーと、23年をメドに実用化を目指す。非常に小さく作り込むことができ、眼鏡やコンタクトレンズに組み込む構想もある。

社名のコアラは「Kyushu Organic Laser」から命名したもので、「木の上で眠っても落ちない（失敗しない）」（リビエル氏）という願いが込められている。独自の技術を武器に、多国籍のチームで市場を切り開いていく。

アルガルバイオ

【設立】2018年3月【資本金】4億4900万円【社員数】26人

藻類バイオテックベンチャー　顧客と共同開発し藻類を商品化

竹下毅取締役が、恩師でもある東大の河野重行名誉教授の研究開発の成果を生かそうと創業した。

すでに上場を果たした藻類ベンチャーの先輩企業、ユーグレナがミドリムシという単一藻類に特化した健康食品や化粧品で成功したのに対し、アルガルバイオでは社会ニーズに合う藻類を探り出し、そこから多種多様な商品・サービスを創造しようとしている。そのため顧客企業との共同開発を基本とする点はユーグレナと方向性が大きく異なる。

最大の武器になるのが300種類の豊富な藻類を抱えること。東大が営々と構築してきた貴重な財産だ。二酸化炭素を吸収し、良質の植物性タンパク質を高く含有するなど藻類には、昨今高まる地球的規模の課題を克服する点でも無限の可能性がある。

木村周社長は「顧客企業からのニーズは右肩上がりで、さばききれない」と語る。健康食品・化粧品にとどまらず、代替タンパク、さらには重厚長大企業での二酸化炭素や工場排水の処理など、用途も広がっている。今最大の課題という「社会実装」が目に見える共同開発品も、2022年の発売が視野に入っている。

キュライオ

【設立】2019年8月【資本金】3億8000万円【社員数】8人

クライオ電顕で創薬に新風　高精度な3D解析が武器

２０１７年のノーベル化学賞で著名なクライオ電子顕微鏡を使った構造解析は、超革新的技術のため使いこなすのは難しい。が、東京大学の濡木理教授らは独自の撮影・解析技術で、世界で初めてタンパク質の構造を高精度かつ３Ｄで可視化した。このノウハウをキュライオに移植し、創薬事業を展開する。

ＣＥＯの中井基樹氏はバイオ専門家ではないが、ＤｅＮＡ、ＩＴベンチャーＣＦＯ、自ら起業と、豊富な経験がある。ＩＴでの起業に限界を感じていたとき、経営者を探していた濡木教授と出会う。「教授とタッグを組み、バイオベンチャーで日本を元気にしたいと考えた」（中井氏）。すでに新型コロナ治療薬の共同研究など複数案件を抱える。

新薬開発だけでなく、既存薬の毒性低減のための分子設計も可能という。対象疾患は絞らず、今までは難しかった医薬品をつくり出していく。

資金調達も順調。２１年６月には小野薬品工業や旭化成、新日本科学グループのGemsekiなどから３・１億円を調達している。「３～５年のうちにＩＰＯを目指す」（中井氏）心づもりだ。

キュライオ

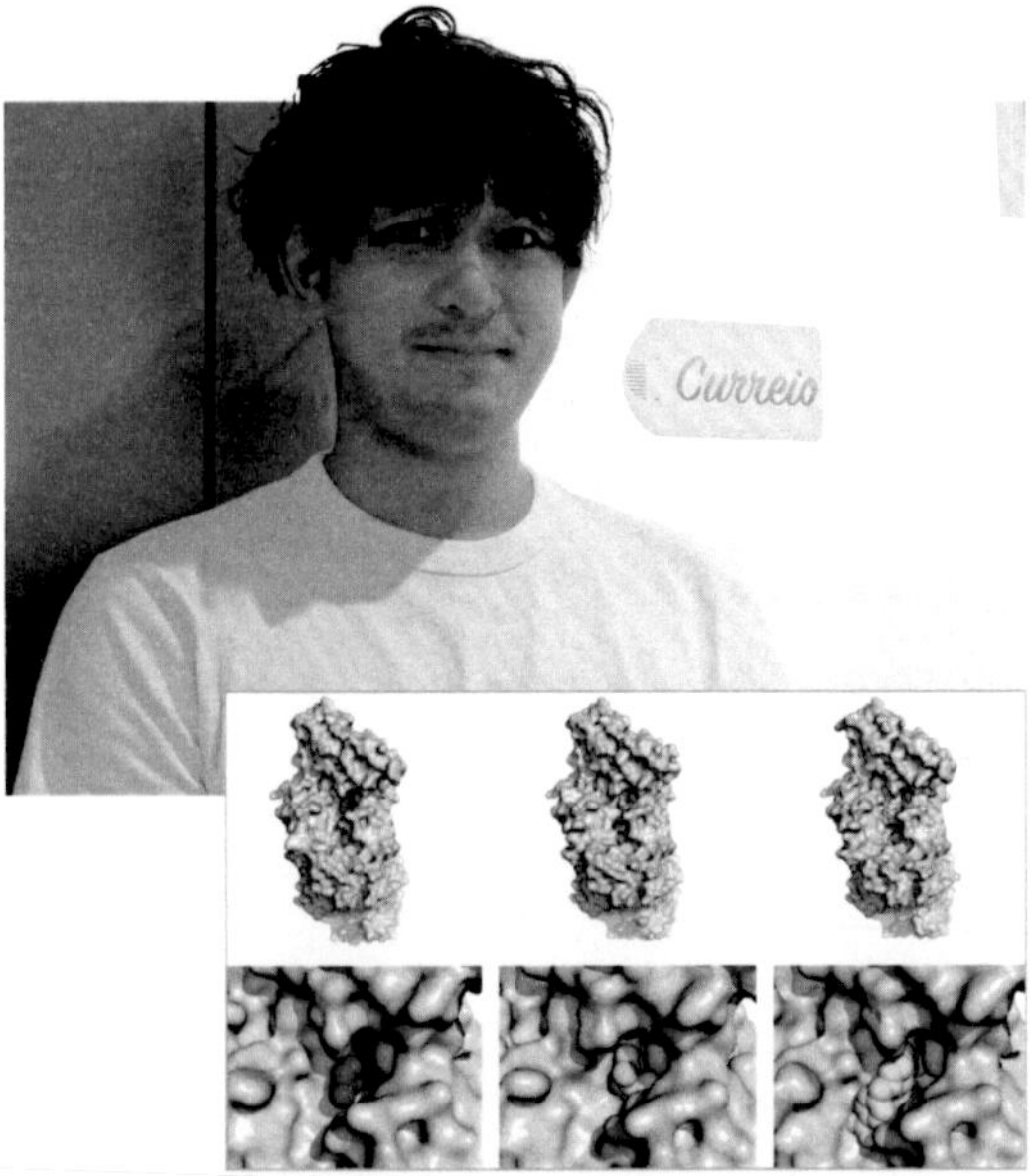

濡木教授から「一緒にやりたい、と言ってもらえた」という中井氏は31歳の若さ。タンパク構造の可視化で創薬の迅速化を目指す

マブジェネシス（MabGenesis）

【設立】2019年6月【資本金】2億8140万円【社員数】11人

高品質抗体ライブラリー作製　革新的技術で抗体医薬をつくる

マブジェネシスは、藤田医科大学・宮崎大学発の創薬ベンチャーだ。

新型コロナ治療薬ロナプリーブなど、抗体医薬承認が急増中だ。だが、既存の抗体作製法では漏れや機能を持たないゴミが多い。その欠点を解消したのが、ファージディスプレイ法による完全ヒトモノクローナル抗体ライブラリー作製・スクリーニング技術だ。数カ月という短期間で既存法より高品質な抗体ライブラリーから目的の抗体を選定できる。

ヒトだけでなくイヌ、ラクダのライブラリーを持ち、21年秋にはネコのライブラリーも完成させる。ヒトのがん、自己免疫疾患の治療薬・診断薬と、イヌ、ネコなどコンパニオン動物薬を開発する。

会社設立前の産学連携で開発・治験中のものもあり、今後の期待も十分。ラクダのライブラリーは、ヒト抗体の6分の1と小さく構造が安定しており、ヒトへの応用が利く。

獣医師で獣医学博士の新庄勝浩代表は、ファイザーなどで研究開発に携わってきた。ベンチャーへの転身は「以前から興味があったから」と自然体。22年前半に新たな資金調達を行う予定で、2025年のIPOを目指す。

（佐々木亮祐、常盤有未、大塚隆史、大西富士夫、小長洋子）

秘密計算や量子計算など新時代に必要な技術

秘密計算や量子計算、サイバーリスクの診断、デジタルデータの保管。新時代に必要な技術ばかりだ。

アカンパニー（Acompany）

【設立】２０１８年６月【資本金】２億３８９９万円【社員数】６人

次世代の秘密計算エンジン　プライバシー規制に対応

暗号化でも匿名化でもない、プライバシーを守る新たな計算手法「秘密計算」に注目が集まっている。名古屋が本拠のアカンパニーは秘密計算エンジンを独自に開発する。

秘密計算は秘匿すべきデータを断片に分け、物理的に別々のサーバーで断片ごとに計算し、最後に足し合わせて結果を得る。個人情報保護の規制が強まり、企業間で顧客情報など生のデータをやり取りする際、個人の同意を得る必要性が高まっている。「秘密計算の断片データを個人の同意が不要な匿名加工情報として扱うことができないか、規制当局と協議を進めている」（高橋亮祐ＣＥＯ）

提携先のネット広告企業、デジタル・アドバタイジング・コンソーシアム（ＤＡＣ）とは、広告主の顧客情報とＤＡＣが持つ消費者の興味関心データをエンジンで分析する。マーケティングや医療といった機微情報を扱う業界で顧客開拓に注力。大手クラウドベンダーなどインフラレベルでの導入も狙う。

エー・スター・クォンタム

【設立】２０１８年７月【資本金】２億３３３８万円【社員数】７人

量子計算のソフトウェア　物流や広告など幅広く応用

グーグルやＩＢＭ、ＮＥＣなど国内外の企業が、量子コンピューターの開発競争で火花を散らす。一方で機械本体ではなくソフトウェアに勝機を見いだすベンチャーも増えている。エー・スター・クォンタムは、膨大な候補の中から最善の選択を導く「組み合わせ最適化」問題を解くソフトウェアを開発中だ。

2018年に日本郵便のベンチャー育成プログラムに採択され、量子マシンを用いて配送ルートの最適化を実施。スーパーコンピューターでは1000年かかる計算を1秒で完了。配送車を減らし、年100億円のコスト削減も可能と試算した。

さらに20年11月には電通と業務提携。例えば広告主はF1層（20〜34歳女性）の視聴率が高い広告枠のうち、どの枠に出稿すれば効率よく目標数値を達成できるか、といった課題の解決を目指す。

現在の量子コンピューターはまだ性能が限られているが、「将来開発されるハードウェアでも動くようなアルゴリズムを開発している」と船橋弘路社長は話す。量子分野は研究段階のベンチャーも多いが、先述の2社以外にも日本航空など大手との提携を続々と決め、収益化を急ぐ。

エーアイセキュリティラボ

【設立】２０１９年４月【資本金】３８０３万円【社員数】６人

AIでサイバーリスクを自動診断　企業サイトを守るSaaS事業展開

企業サイトの脆弱性について、ＡＩを使って自動診断するＳａａＳ事業を展開するのがエーアイセキュリティラボ。情報漏洩問題などでサイバーリスク対策が業界を問わず急務とされる中、顧客企業を積み上げている。

青木歩社長をはじめ、同社は全員が大手サイバーセキュリティー企業の出身。専門家の手作業による診断が必要だったウェブアプリの領域で、ＡＩによる画像認識技術を使った自動診断を実現した。

サービスを利用すると、ＡＩがサイトを巡回しながらログインページの情報漏洩リスクなどを検出。サイトのどこでどのような操作をした際にリスクが検出されたかをわかりやすく図で表示。専門知識を持たない経営層なども状況を把握することができる。

顧客の大手IT企業は、多数展開する一般消費者向けサービスの脆弱性をチェックする頻度を高めつつ、効率化するために導入。従来は年間数千万円を要した対策費が「数百万円規模で賄える」（青木氏）など、コスト訴求力も高い。DXの流れにも乗り、22年3月末までに顧客企業の100社到達も視界に入る。

エーアイ
セキュリティラボ

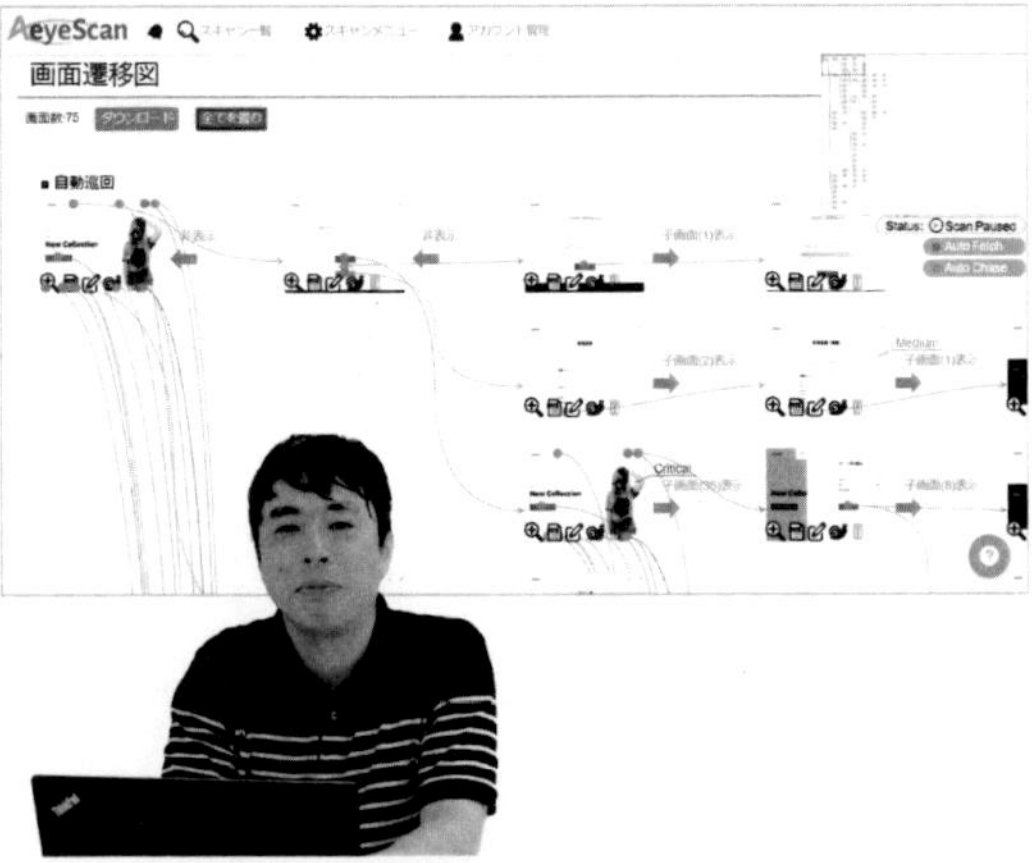

サイトの脆弱性を自動診断する「エーアイスキャン」。サイト内を巡回し画面キャプチャーを取得。「わかりやすい画面遷移図で全体をつかめる」（青木氏）

ノンエントロピー ジャパン（NonEntropy Japan）

【設立】２０２０年１２月【資本金】１億５６００万円【社員数】１２人

分散型ストレージを展開 データの永久保存を可能に

爆発的に増え続けるデジタルデータ。ただ、膨大なデータの保管となると、米アマゾンや米グーグルなどＩＴプラットフォーマー数社に頼る割合が大きく、特定の事業者に依存することのリスクも指摘される。

そうした中、ノンエントロピー ジャパンは、既存のプラットフォーマーに頼らない分散型ストレージの技術を軸にビジネスを展開している。

同社が推進する分散型のデータ保管技術「ＩＰＦＳ」は、１つのデータをネット上のストレージに分散して保存し、利用する際に集約するのでハッキングや改ざんがされにくい。さらに、プラットフォーマーに起因するサービス障害や規約変更の影響も受けないため、「データを永久保存できる」（西村拓生ＣＥＯ）。

ストレージの提供や利用の状況はブロックチェーンに記録され、提供者には報酬として仮想通貨「ファイルコイン」が付与される仕組みだ。

同社はストレージ設備の販売・レンタルと設備運営の受託などを行いつつ、ストレージ提供の対価で仮想通貨を得て、収益にしている。国内ストレージ設備を9月に増強し、業容拡大を加速する。

（中川雅博、山田泰弘）

独自の技術でネット上のコンテンツの裏方で活躍

独自の技術やノウハウをテコに、ネット上のさまざまなコンテンツの裏で活躍するベンチャーを追った。

オープンエイト

【設立】2015年4月【資本金】1億円【社員数】114人

AIで簡単に高品質動画を作成　自社作業の省力化が原点

AIのサポートで簡単に高品質な動画を作成できるツール「ビデオブレイン」で注目を集めている。

その特徴は、写真、映像、テキストなどをアップロードし、作りたい動画の長さなどを指定すれば、AIが最適な構成でドラフト動画を生成すること。あとは手動で修正・編集を加えて完成させる。一定の費用を支払えば、無制限、かつ簡単に動画を作成できる。

一般企業でも採用や販促など動画制作のニーズが高まっており、実際、阪急阪神百貨店や岡三オンライン証券といった大手企業などがサービスを利用している。

オープンエイトは当初、観光地などを紹介する動画メディア「ルトロン」などの運営が中心だった。しかし、1万本以上の動画制作に携わる中、「撮影・編集・アップロードと、作業が非常に煩雑で通常の会社ではとてもやっていられない。これを自動化できないか、と思った」（高松雄康CEO）という。

自社用のツールを開発し、それをベースにビデオブレインとして外部販売を開始した。これに手応えを感じ、会社組織もビデオブレインへ注力する体制に転換した。

今後、動画をPDFやGIFアニメに転換する機能を導入する予定だ。多様な機能で、「企業が情報を発信するプロセスのすべてに入り込む」（高松氏）ことを目指す。

ノート（ｎｏｔｅ）

【設立】２０１１年１２月【資本金】１３億１００４万円【社員数】１３７人

誰もが情報発信できるサイト運営　クリエーターを多方面から支援

文章やイラスト、漫画など多様なコンテンツを誰もが発表できるのがノートだ。２０２０年５月には月間アクティブユーザー数が６３００万を突破し、ネット上での存在感が高まっている。

主な収益源は、個人がノート上で執筆した有料記事の販売手数料や独自ドメインなどが設定できる法人向け有料版「ノート　プロ」、定額有料サイト「ケイクス」などだ。

加藤貞顕ＣＥＯは、元出版社社員で累計２８０万部を記録した「もしドラ」や小説『マチネの終わりに』など人気作の編集者。ネット上で文章などを発表できる類似ブログサービスは数多くあるが、「収入や仲間との出会い、仕事の機会など現実世界にはある機能がネットには不足している」（加藤氏）と思い、起業に至った。

単に発信するだけではない価値を提供するため、単発課金や定期購読といった多様な収益化策に加え、フォロー機能のようなユーザー同士がつながる方法、執筆した記事が当該分野に関心の高い人へ届く施策なども実施する。

さらに、70以上の出版社などと提携し、書籍化やメディアでの連載などを無償でサポート。ユーザーの創作を多方面から支援しており、ノートでの記事をきっかけに累計90冊以上が書籍化された。

直近ではネット通販支援のBASEや文藝春秋などと提携。機能をさらに拡大し、ネット上のインフラ化を目指す。

コミューン

【設立】2018年5月【資本金】5億1000万円【社員数】41人

サイト開設支援で満足度向上　顧客満足度向上をサポート

サービス利用者の満足度を高める「カスタマーサクセス」のウェブサイト開設などでサポートするのがコミューンだ。

取引先の1つであるシャープは、販売する調理機器のユーザー向けにウェブサイト「ホットクック部」を開設した。高額な調理機器を購入したのはいいが、使い方が煩雑で一度しか利用しなかったという経験はないだろうか。同サイトでは、調理機器を用いた投稿レシピやユーザー同士がコミュニケーションできるトーク欄などがあり、今までは使いこなせなかった人をサポートしている。このように商品やサービスを使いこなし、顧客満足度が高まれば、次回以降の購入も検討してもらえるというわけだ。

こうしたサービス利用者の満足度を高める「カスタマーサクセス」は、サブスクリプションサービスの拡大に伴い、重要性が高まっている。顧客がサービスに満足しなければ、サービスを継続してもらえず、売り上げが減少してしまう。

高田優哉CEOは「会社HPがあることは当然になった。今後はすでに購入している顧客向けのHPも当たり前になるはずだ」と語る。

今後は、機械学習を用いて、取引先企業が手を触れずとも、自動で利用者向けにウェブサイトが最適化される仕組みの導入も構想する。

フラックス　（FLUX）

【設立】２０１８年5月【資本金】１１億８０００万円【社員数】６５人

広告収益の拡大をサポート　多数の有力メディアが顧客

メディアの収益力向上をサポートするのがフラックスだ。新聞社やテレビ局、出版社を中心にサイト上の広告入札を最適化するサービスなどを提供する。リリースから2年半で５００を超える企業が採用、取引先も読売新聞やフジテレビといった有名メディア企業が並ぶ。

広告入札の最適化だけではなく、サイト分析機能やデータ管理などメディア運営を行ううえで必要な機能を一元化。永井元治ＣＥＯは「包括的にサービスを提供している点が強み」と語る。

さらに、サイト上での行動からユーザーを分類、それぞれの好みや購買意欲などを分析して最適なコミュニケーション方法を提案するサービスの導入を目指している。

このように現在はメディア企業向けサービスがメインだが、今後は一般企業向けのサービスも拡充する意向だ。２１年5月には、ホームページ作成サービス「サイトフロー」の提供を開始。デザイン性も兼ね備えつつ、文章や画像の更新などを自分たちで簡単にできることが売りだ。初期費用を数万円に抑え、メディア企業だけではなく、中小企業への浸透も狙う。

ゲーム・サーバー・サービシーズ（Game Server Services）

【設立】2016年9月【資本金】1億4790万円【社員数】3人

ゲーム向けサーバー提供　機能の9割が共通する点に着目

スマホゲームでガチャの抽選確率やアカウント管理などを担うサーバー機能。ゲーム・サーバー・サービシーズは、このサーバー機能をクラウドサービスとしてゲーム開発者に提供している。

丹羽一智CEOはセガや任天堂を渡り歩き、ゲームサーバーの開発や運用を担っていた。その中で、「スマホゲームに求められるサーバー機能は9割が共通している」ことに気がつき、それをビジネスにすることを決意する。多くのゲーム会社はサーバー機能を自社開発していたが、開発・運用を任せればストーリーやデザインなどゲームの核となる業務に集中できる。

ただ9割が共通する一方、「3回抽選したら人気キャラの出現確率が上がる」など、ゲームごとに仕様が細かく異なり、その対応が難しい。そのため起業から約4年間はさまざまなゲームに対応できるサーバーの開発に専念した。

サービスは、アカウント登録だけで利用可能。その数は800を超える。個人開発者に加え、バンダイが運営するアーケードゲーム「アイカツプラネット」のサーバーにも採用されるなど大手企業からの引き合いも多い。今後は中国を軸に海外展開も目指す。

マイディアレスト（MyDearest）

【設立】2016年4月【資本金】12億3700万円【社員数】21人

物語性高いVRゲーム開発　フェイスブックも認める実力

臨場感あふれる体験が可能なＶＲ（仮想現実）ゲームのソフトを制作するのがマイディアレストだ。多くのＶＲゲームがアクション主体である中、オリジナルキャラクターを用いてストーリー性を重視したミステリーゲームなどの制作を行い、高い評価を得ている。

その実力は海外でも一目置かれており、『アルトデウス』が２０２０年１０月に発売したフェイスブックのＶＲハード機「オキュラス　クエスト２」の同時発売ソフトに選ばれた。創業者の岸上健人ＣＥＯは「日本のＶＲソフトではトップと自負している」と語る。ファンコミュニティー運営にも注力。ファン限定でゲーム制作過程や公開前のプロモーション情報などを発信している。

創業した１６年当時は「ＶＲ元年」と呼ばれ、大手ゲーム会社も軒並みＶＲ事業に参入したが、市場が伸びずに多くが撤退。ただ、２０年、「オキュラス　クエスト２」が世界で４００万台以上売り上げるなど、潮目が変わりつつある。

２１年６月には９億円の資金調達を実施、開発ラインの強化やコミュニティー事業の拡大などに充当する。拡大するＶＲゲーム市場で日本発の大ヒット作品創出を目指す。

MyDearest
(マイディアレスト)

オリジナルIP(知的財産)で小説なども販売する

プロット（Plott）

【設立】2017年8月【資本金】4億4908万円【社員数】68人

ユーチューブでアニメ配信　版権生かし2次利用展開

『テイコウペンギン』『混血のカレコレ』など現在6つのアニメを作り、ユーチューブで配信するのがプロットだ。運営するチャンネルの登録者数は計300万人を超え、若年層を中心に人気となっている。

とくに90万人超の登録者数を誇る『テイコウペンギン』は、東映やマイナビなど大手企業とのコラボ動画も配信。ほかにも小学館の『月刊コロコロコミック』掲載作品を共同版権でアニメ化するなど、大手コンテンツ企業からも注目を集めている。

奥野翔太代表は筑波大学在学中に起業。当初はゲームやコント動画の制作などを手がけていたが、「当時のユーチューブはアニメ作品が少なく、学生企業でも戦いやすいと思った」（奥野氏）。

一般的なアニメ作りは、複数企業が出資して制作会社へアニメ制作を依頼する。しかし、プロットが配信するアニメの大半は、キャラクターやストーリーの企画立案から実際のアニメ制作まで自社で完結する点も特徴だ。

現在はユーチューブ視聴時に配信される広告や企業とのタイアップ広告が売り上げの大半だが、今後は自社で版権を持つ強みを生かし、グッズやゲーム、漫画など2次利用の拡大を目指す。

（井上昌也、武山隼人）

営業支援などデータ活用で営業力を底上げ

営業支援システムやＳａａＳ向けツールなど、データを活用して営業力を底上げするソフトウェアが活況だ。

マジックモーメント（Magic Moment）

【設立】２０１７年３月【資本金】７億１２９７万円【社員数】３５人

属人化しない営業支援システム　百戦錬磨の営業ノウハウを凝縮

「営業はもっと仕組み化できる」。マジックモーメントの村尾祐弥ＣＥＯは、トップ営業として米グーグルやクラウド会計ソフトのフリーを渡り歩き、そんなことを考えていた。営業を属人的にしないためのツールを作るべく、会社を立ち上げた。

営業支援システム「プレイブック」を導入すると、自社の製品やサービスを顧客が長期で活発に使ってくれるような営業を実現する。営業担当者が顧客とやり取りすべきことをすべてリスト化しており、担当者は選択式・入力式のフォームを埋めながら商談するため、すべて記録が残るうえに余計な手間もかからない。データがたまれば、受注・解約の要因も分析できる。

新規契約や追加契約の確度が高い場合には、「ビデオ会議をしよう」「上位プランを提案しよう」といった提案を画面に自動表示する。裏側のロジックは村尾氏の営業経験に基づく。今後は導入先のトップ営業の行動を分析し、ツールに反映させる考えだ。

現在はＬＩＮＥなど大企業を中心に約２０社が導入。「２２年末には１００社を目指したい」と村尾氏は意気込む。

ハイカスタマー（HiCustomer）

【設立】２０１７年１２月【資本金】９０００万円【社員数】８人

ＳａａＳ企業向け顧客管理ツール　カスタマーサクセスを支援

顧客が製品やサービスを使って結果が出せるよう支援するビジネス活動「カスタマーサクセス」。ＳａａＳの世界では、解約率を減らす手段として注目されている。ハイカスタマーは、ＳａａＳ企業向けにカスタマーサクセス管理ツールを提供している。

契約会社が所有している顧客のサービスの使用履歴などを解析し、追加提案のタイミングや解約の兆候などを知らせる。顧客とのやり取りを一元的に管理する機能もある。料金は初期費用５０万円、月額料金は１０万円からで、顧客数に応じて変動する。

設立は２０１７年と、ＳａａＳという言葉が浸透する前。「ＳａａＳが拡大する中、カスタマーサクセスの壁に突き当たる企業が多く、効率化を図るツールに商機があると考えた」と、鈴木大貴ＣＥＯ。経験者が少なく、またベンチャー企業が管理部門にエンジニアを割く余裕がないことも追い風になる。現在、弁護士ドットコムやＨａｍｅｅ、ユーザベースなどのベンチャー企業が導入、リコーなどの大手企業の導入も始まっている。

「将来はＳａａＳ以外の分野にも展開していきたい」と、鈴木氏は先を見据える。

マツリカ

【設立】２０１５年４月【資本金】４億３０１０万円【社員数】５１人

営業用顧客管理システム　現場で使いやすい営業案件管理

営業案件の進捗管理に役立つクラウド型の顧客管理システム「Senses（センシーズ）」を運営する。

積水ハウスでの営業経験、ユーザベースでの事業責任者を経て黒佐英司氏が飯作供史氏と共同で創業。２０１６年にセンシーズを発表した。

顧客管理システムといえば米セールスフォース・ドットコムが圧倒的なシェアを誇るが、顧客管理システムとしての基本性能を高めてきた結果、「現在は競合との機能的な差はほぼない」（黒佐氏）。

後発ならではの強みもある。独自の予測機能だ。受失注案件の属性をＡＩが学習しているため、売り上げ、契約確度、契約予定日などが自動で導き出される。取引先にアプローチする際、どの担当者にどのような内容で提案すべきかをレコメンドする機能もある。

営業担当者が使いやすいよう、データ入力負荷の少なさや操作性のよさにもこだわる。例えば、他社製品では複数クリックで完了する動作が1クリックや1ドラッグで済む。

中小企業を中心に導入は2000社を超えたが、今後は大企業への導入増を目指す。さらに、「言語だけ変えれば海外にも持っていけるのでやらない理由がない」（黒佐氏）と海外展開も見据える。

オンリーストーリー

【設立】2014年2月【資本金】15億5100万円【社員数】39人

決裁者のマッチング支援　BtoB企業の営業問題を解決

企業内で決裁権を持つ人同士がマッチングして商談などに活用できるSaaS「オンリーストーリー」を運営する。

平野哲也CEOは父、叔父2人が経営者という環境で育った。彼らが共通して抱えていた課題が営業だった。「とくにB to B企業の営業では、非決裁者に会ってもなかなか契約につながらないという問題に目をつけた」(平野氏)ことがサービス立ち上げのきっかけだ。

サービスに登録できるのは「従業員10人以上」「執行役員以上(決裁権を持つ役職者)」という基準に基づく審査を通過した人。無料版、決裁者に自ら声をかけることができる有料版を合わせて総登録者数は4000人を突破。月に200人ほどのペースで増加しているという。

21年4月には日本郵政キャピタルなどから約13億円を調達した。登録者数を増やすためのマーケティング費用、エンジニアや顧客対応の担当者の採用費などに充てる。

今後は商談後の工程管理をする機能も加え、成約数を上げるための支援もしていく。最終的には、M&A(合併・買収)など経営課題全般の解決に使えるサービスを目指していきたいという。

(中川雅博、宇都宮 徹、常盤有未)

テクノロジーで仕事を効率化

かゆい所に手が届くように、ちょっとしたテクノロジーで仕事を効率化。「ＤＸ」のヒントはここにある。

カミナシ

【設立】２０１６年１２月【資本金】６億３６９７万円【社員数】２６人

製造現場向けＳａａＳ　身の丈に合ったＤＸ提案

製造現場では点検や計測などのチェックリストやマニュアルをまだまだ紙に頼っている。カミナシはそうした作業をデジタル化するノンデスクワーカー向けＳａａＳを展開している。

チェックや承認は紙の代わりにタブレット端末やスマートフォンで行い、集計や報告書も自動作成できる。大がかりなシステムを開発しなくても、現場の業務量を削減できる。「身の丈に合ったDX」として現場の評価は高く、「現場の担当者から『こういうものを求めていた』と言われる」（諸岡裕人CEO）。現在、ロイヤルグループや星野リゾートグループ、オイシックス・ラ・大地など約100社が導入、引き合いも増えているという。

ここに至るまでは紆余曲折があった。当初、食品工場向けの温度管理システムや工程管理システムを開発したが、評判はいま一つ。資金も底を突きかけたことから、すべての製造現場で使える今の形態に変えた。「食品工場から出された要望も採り入れながら作り直したことも奏功した」（諸岡氏）。23年までに導入社数800社を目指している。

フォトシンス（Photosynth）

【設立】２０１４年９月【資本金】３４億５０００万円【社員数】１５１人

スマホやICカードで解錠　鍵のない世界を実現する

「キーレス社会を実現する」――。そんな思いから河瀬航大社長が設立。社名は光合成（英語でフォトシンセシス）のように、「無機質を有機的につながるものへ変化させる」ことに由来する。

大学卒業後、マーケティング支援会社のガイアックスに勤めていた河瀬社長は、友人たちとの飲み会で「鍵をなくして困った」経験談で盛り上がった。河瀬社長ら４人はスマートロックを試作、それが記事化され問い合わせが殺到。飲み会メンバー４人に加え、ガイアックスのエンジニア２人を連れて６人で起業した。

スマートロック「アケルン」は、既存の錠前の上に簡単に取り付けられる。登録したスマホやスイカなどのICカードをかざすだけで開閉できる。中小企業でもセキュリティー意識が高まり、入退室や勤怠などの管理を自動化できる点が評価された。初期費用はゼロで、専用のアプリやソフトの使用料として、ドア1つにつき月額1万7500円を支払うサブスク契約だ。

約5000社の導入社数を拡大させる一方、個人宅への普及も図る。21年1月には錠前メーカー最大手の美和ロックと合弁会社を設立した。

レジリア（Resilire）

【設立】2018年9月【資本金】2001万円【社員数】2人

災害時のリスク管理対応SaaS　世界標準の危機対応サービスへ

災害時、迅速にサプライチェーンのリスク管理ができるSaaS型プラットフォーム「レジリア」を提供。

大企業でも、自社や取引先の拠点などのサプライチェーンはエクセル上で管理されているのが実情。災害の状況把握に手間取り、製品供給が停止、損失を被るケースは多い。

レジリアはサプライヤー情報をツリーで可視化。気象庁の災害情報を取り込み、拠点情報とともにマップに表示する。どの拠点・取引先にリスクがあるか一目瞭然だ。被害が懸念される拠点にメールを送信し情報を集約する機能もある。津田裕大代表は「誰でも使えるわかりやすいデザインを重視している」と話す。

契機になったのは2018年の西日本豪雨だった。痛ましいニュースを目にし、開発に乗り出した。実際、日本は豪雨による災害が増加傾向にある。災害時のボトルネックを把握し、日頃から対策しなければ危機対応はままならない。

「こんなサービスを探していた」。拠点や取引先を多く抱える大企業の引き合いは強く、すでに大手製薬会社や大手の外資系自動車メーカーもトライアルを含め利用中だ。

目指すは世界標準のプラットフォーム。ハリケーンやテロ、民主化運動など各国のリスク情報を取得。ハザードマップと照らし合わせAIでリスクを可視化するなど、大幅な機能拡充を進める構えだ。

Resilire
(レジリア)

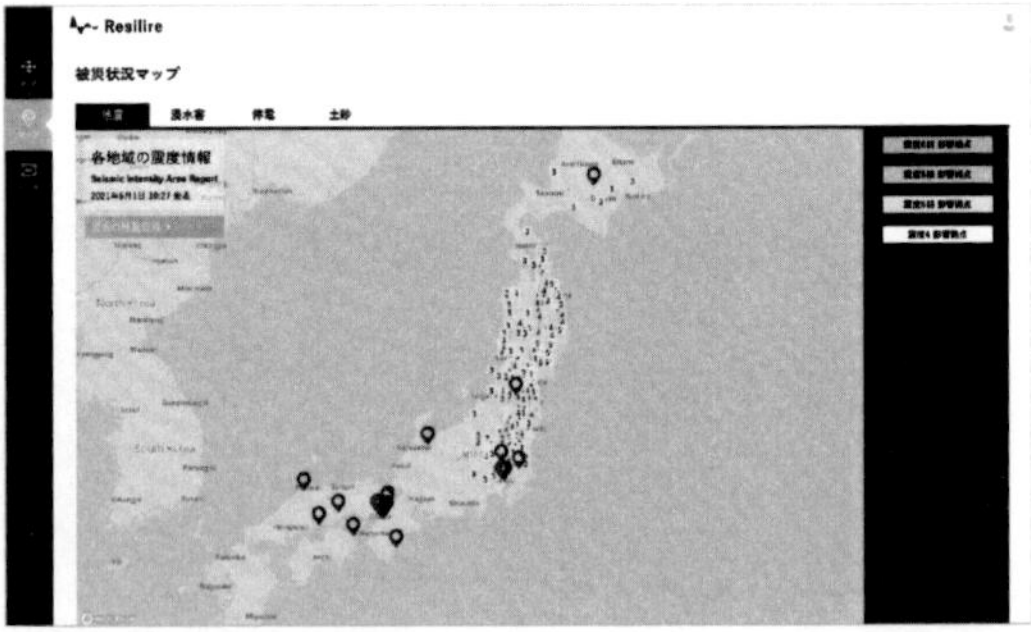

災害時、どの拠点・取引先にリスクがあるかをマップで可視化する

イライザ（ELYZA）

【設立】2018年9月【資本金】1600万円【社員数】8人

東大松尾研発AIエンジン　自然言語処理技術を社会実装

日本のAI研究の第一人者、松尾豊氏（東京大学教授）の研究室の出身者らが2018年に設立した。自然言語処理と複数の情報を基に判断する「マルチモーダル」を軸にAIの研究開発を行う。

自然言語処理は18年に米グーグルが公開した「BERT」など急激に進化。北米ではサービス開発も進むが日本ではあまり例がない。そこで20年9月、日本語に特化した人工知能エンジン「ELYZA Brain」を開発し、人間を超える精度を達成。例えば契約書やメールの文章から重要情報を正確に抜き出し、穴埋め問題を解くことも可能。

21年8月には長い文章を入力すると3行に要約する機能を一般公開。ニュース記事はもちろん、コールセンターのオペレーターと客による複雑な会話も要約する。曽根岡侑也ＣＥＯは「技術力の表明だ。実は自然言語処理が社会実装できるようになっていることを伝えたい」と語る。
曽根岡氏は実現可能な例として、カルテ作成業務を行う「ＡＩ医師」や、エントリーシートを評価する「ＡＩ人事部」を挙げる。そのためにはデータを持つ企業との研究が不可欠。森・濱田松本法律事務所と法律業務効率化の共同研究を進める。今後も多くのパートナー企業と組み、サービス開発を進める方針だ。

（宇都宮　徹、佐々木亮祐、田邊佳介）

【コミュニケーション】

離れた相手とも情報共有する「新常態」サービス

物理的に離れている相手とも意思疎通や情報共有ができる、「新常態」に対応したサービスが続々と登場。

トナリ（tonari）

【設立】2018年6月【資本金】200万円【社員数】12人

等身大の会議システム　離れていても〝隣〟にいる

まるでオフィス内に「どこでもドア」が出現したようだ。トナリが開発する大画面のビデオコミュニケーションシステムを使えば、離れた場所にいる人が目の前にいるかのように会話できる。スクリーンの真ん中に小さなカメラが埋め込まれており、互いに目を見ながら話せる。周辺にはプロジェクターやスピーカー、天井には専用の照明とマイクを設置する。

技術の肝は遅延を抑える独自開発のソフトウェアだ。「ズーム」などでは遅延が200ミリ秒以上だが、トナリのシステムでは120ミリ秒ほど。大画面でもスムーズにコミュニケーションできる。

共同創業者のタージ・キャンベルCEOと川口良CTO（最高技術責任者）は、ともに米グーグルの日本法人で「グーグルマップ」などを開発。世界中の同僚とのやり取りの難しさを感じたり、キャンベル氏が日本に移住する中で、「人生の選択肢が場所によって制限されてはいけない」と感じたりしたという。

現在は法人向けに注力し、すでに損害保険ジャパンなど4社が導入。今後は教育機関や家庭にも広げたい考えだ。

tonari（トナリ）

システムを設置する空間の設計や、コミュニケーションを促す研修も手がける

オヴィス（oVice）

【設立】２０２０年２月【資本金】２億５４８３万円【社員数】１０人

仮想現実オフィスを開発　VRでも対面に近いやり取り

ＶＲ空間のオフィスで社員のアバター同士が立ち話をしたり、仮想会議室にこもってチームで議論を戦わせたり――。近未来的な働き方を実現したのがオヴィスだ。約3万人の利用者がこの仮想オフィスに〝出勤〟する。

コロナ禍の２０２０年8月に公開されたオヴィスを考案したのは、連続起業家のジョン・セーヒョンＣＥＯ。海外出張中にロックダウンで帰国ができなくなった際、チャットやビデオ会議では社員と円滑なやり取りができないことに困惑した。その経験を生かし「物理空間に近いやり取りができることを重視」（セーヒョン氏）して開発。

例えば、雑談したいときは相手のアバターの近くに移動すると声がかけられる。向かい合えば声は鮮明になり、背を向けると音量は下がる。サービス上でビデオ会議を立ち上げることもできる。料金は最大接続可能人数２００人の大きさのオフィスで月額２・２万円。２０年１２月には1億円を調達。今後は、展示会や飲み会などのイベントでの活用にも注力していく。

oVice（オヴィス）

数十階の高層VR自社ビルを構える法人客もいるという

パラレル

【設立】2017年7月【資本金】8億5803万円【社員数】9人

通話しながら遊べるアプリ　Z世代の新たなたまり場

友人や恋人と通話しながら一緒に動画やゲームを楽しめるアプリが「パラレル」だ。ユーチューブやスマホゲームの画面を共有しながら友人と通話するといった形で用いられ、Z世代など若年層を中心に支持を集める。

多くの友人と通話できるサービスはほかにもあるが、パラレルは気軽に友人同士が集まれる場を意識。みんなでコンテンツを楽しめるようゲームと通話を同時にしても高音質を保てるよう工夫をする。

累計登録者数はサービス開始からわずか1年半で100万人を突破した。韓国や米国、インドなどでも展開しており、海外の1日のアクティブユーザー数は9カ月で640％拡大したという。

創業者で共同代表の青木穣氏と歳原大輝氏は、位置情報アプリやグルメ管理アプリのサービスを経てパラレルを立ち上げた。

現在はアプリ内に広告や課金機能がなく、売り上げは立っていない。「出資者も含め全員が、フェイスブックのような世界的なサービスになることを狙っている。現段階で収益は度外視」（青木氏）といい、マネタイズはユーザー拡大後に進めていくという。

スピア（Spir）

【設立】2019年3月【資本金】3000万円【社員数】4人

日程調整のプラットフォーム　面倒な日程調整が一瞬で完了

面倒で、ダブルブッキングや予定をすっぽかすミスも生じがちな日程調整。これを効率的に行えるカレンダープラットフォームを展開するのがスピアだ。

通常の日程調整は、相手から提示された候補日時を自分のカレンダーと照らし合わせ、都合が合う日をメールなどに入力して送る、という工程を踏む。それがスピアを使えば、ものの数クリックで日程調整が完了する。カレンダー上で自分の都合がいい日時を選択するとURLが作成される。それをメールなどで相手に共有し、相手が希望日を選択すれば完了だ。

複数人の日程を調整する際は、全員の空き時間を自動抽出することが可能。さらに、複数の予定を並行して調整する場合は、ある予定が確定したら、その日時が自動的に別の予定の候補日から削除されるため、重複を防げる。

2020年11月にサービスを開始、7月時点の利用者は1万人。5月にはワンキャピタルなどから2億円の調達に成功した。

19年に同社を創業した大山晋輔氏は「日程調整を効率化することで、人が挑戦できる機会を増やせれば」と意気込みを見せる。

ストック（Stock）

【設立】2014年4月【資本金】1000万円【社員数】10人

社内の情報共有ツール　ITオンチでも使いやすく

気軽にやり取りができるチャットを導入する企業は増えているが、さまざまな話題が混在して流れていくため、後から必要な情報を探しにくいのが難点。この課題を解決するのが情報共有ツールのストックだ。

特徴は、仕事の案件ごとに「ノート」を作成し、文字でのやり取りや使った資料を蓄積できること。ノートごとにチャットを立ち上げることができ、他社のチャットを使っている場合は連携させ、スレッドをノートに簡単に保存することができる（今は「スラック」のみ対応）。ファイル作成の面倒さもない。２０２０年9月には、DNXベンチャーズなどから1億円を調達した。

サービスを正式に開始したのは１８年4月。広告を打ったことはないが口コミで評判が広がり、７万社超が導入している（6月末時点）。顧客の業種は官公庁からヤクルトの営業拠点まで幅広いが、特徴的なのは9割が非ＩＴ企業であること。創業者で戦略コンサルタント出身の澤村大輔社長は、「ＩＴに詳しくない６０代の社員でも簡単に使えるようなシンプルな設計にこだわった」と語る。

ストックマーク

【設立】２０１６年１１月【資本金】5億９９９８万円【社員数】６０人

最先端のビジネスＡＩを開発　ＡＩがニュースをレコメンド

最先端の自然言語処理技術で、国内外約3万メディアから組織に必要なビジネスニュースをレコメンドする「Anews」が主力だ。

大量のビジネスニュースの中から、設定したキーワードを含む記事や、関連性の高い記事をAIがレコメンドする。

興味を持った記事にコメント、シェアするなどで組織内の情報共有や連携を深められる点もポイントだ。林達CEOは、「特定の分野に知見を持つメンバーがわかり、ほかの部署との連携も進みやすくなる」と語る。組織のサイロ化を防ぐことやイノベーションを生み出すことは、リモートワークが増える中で重要だ。

導入が多いのは新規事業やDXの担当部署。マーケット情報を把握するために導入する研究開発部門も多い。日本語と英語に加え、中国語、韓国語など多言語対応も進める。

Anewsだけでなく、ニュースのリサーチ機能を高度化した「Astrategy」、社内資料のテキストや画像を検索して活用する「Asales」も提供。社内外の情報を大いに活用し、企業、組織の成長を支援する「ビジネスAI」を磨いていく。

（中川雅博、印南志帆、武山隼人、田邊佳介）

ベンチャーが被る「不利益商慣行」

ベンチャー企業にとって、飛躍のきっかけになるのが大企業との提携だ。知名度や信用度が上がると同時に、事業を軌道に乗せる原動力となる。実際、大企業との業務提携は盛んで、資本提携に踏み切るケースも多い。

一方で、大企業などの連携先がその立場を利用して、ベンチャー企業にとって不利益となる取引を強要する例が散見される。

2020年11月、公正取引委員会は「スタートアップの取引慣行に関する実態調査報告書」をまとめた。ベンチャー企業などへのアンケートを基に作成した報告書だが、その中で実に16・7%が連携先や出資者から納得できない行為を受けた経験があると回答している。

その中で当該行為を受け入れた企業が41・7%、一部受け入れた企業も合わせると8割近くに達する。受け入れたうちの55・5％が「不利益が生じた」と回答、100社に7～8社が納得できない行為で不利益を被っていることになる。

報告書では納得できない行為を受けたベンチャーのうち約120社にヒアリングを実施、その取引慣行の一端が垣間見られた。例を挙げると次のような内容だ。

「事業連携で秘密保持契約を結んだが、当社の秘密情報ばかりを聞き出され、その後、連携先が同様のサービスを始めた」

「技術検証の対価を頼んだが、問題点を明らかにしないままAIの精度が悪いと繰り返し修正を求められ、コストの5分の1程度の報酬しか支払われなかった」

「資金に余力がない創業初期のころには、共同研究で連携事業者から知的財産権の無償提供に応じさせられた」

このほか「販売先の情報を提供させられた」「他の事業者との取引を制限された」など、いずれも、独占禁止法における優越的地位の濫用や、競争者に対する取引妨害に該当するような事例だ。

この結果を受け、公取委と経済産業省は3月に、ガイドラインとなる「スタートアップとの事業連携に関する指針」を公表。問題となりうる事例や解決策、契約書の例などを示す。また、政府が21年6月に発表した成長戦略実行計画の中でもこの問題に触れており、公取委による法執行の強化をうたう。「違反行為があれば厳正に対処していく」（公取委の栗谷康正取引調査室長）方針だ。

投資家との契約適正化も

起業家と投資家との間にも同様の事例がある。注目されているのが株式買取請求権にまつわるトラブル。買取請求権は一定の条件に該当すれば株主が会社に株式の買い取りを請求できるというもので、行使されれば買い取り資金を捻出しなければならず、ベンチャー企業には大きなダメージとなる。そうした権利を背景に、「行使条件を満たしていないのに、一方的に行使されてしまった」「要請に応じない場合は買取請求権を行使すると示唆された」といった事例があると報告書は指摘している。

政府もこれを問題視し、成長戦略実行計画では、「スタートアップ企業と出資者との契約の適正化に向けて新たなガイドラインを策定する」としている。

（宇都宮　徹）

『すごいベンチャー2021』〔後編〕の掲載会社（目次）

【モビリティ】セイビー／エーエスエフ／ジップ・インフラストラクチャー／ファンファーレ
【医療】オペパーク／ビードットメディカル／カルディオインテリジェンス／バイオデータバンク／ノーブナイン／オリーブユニオン／ファストドクター／カナタ／ティーエックスピーメディカル／リハブフォージャパン
【人材】ビートラスト／マイリファー／ワークサイド／ウェルデイ
【教育】モノグサ／アイムビサイドユー／ゴービジョンズ／エンペイ
INTERVIEW「トレンドに左右されない〝逆張り〟の起業家に賭ける」（本多央輔）
INTERVIEW「デジタル化の遅れは起業家にとってチャンス」（持田昌幸）
INTERVIEW「起業家も投資家も急増　米国の背中が見えてきた」（堀　新一郎）

【週刊東洋経済】

本書は、東洋経済新報社『週刊東洋経済』2021年9月4日号より抜粋、加筆修正のうえ制作しています。この記事が完全収録された底本をはじめ、雑誌バックナンバーは小社ホームページからもお求めいただけます。

小社では、『週刊東洋経済eビジネス新書』シリーズをはじめ、このほかにも多数の電子書籍ラインナップをそろえております。ぜひストアにて**「東洋経済」で検索**してみてください。

『週刊東洋経済eビジネス新書』シリーズ

No.364　YouTubeの極意
No.365　デジタル大国　中国
No.366　地銀　大再編
No.367　おうちで稼ぐ!
No.368　老後マネーの育て方

No.383　不動産投資　光と影
No.384　コンサル全解明
No.385　大転換の商社ビジネス
No.386　会社とジェンダー
No.387　全解明　経済安全保障
No.388　ソニー　掛け算の経営
No.389　２０５０年の中国〔前編〕
No.390　２０５０年の中国〔後編〕
No.391　相続の新常識
No.392　無敵の文章術
No.393　物流　頂上決戦

週刊東洋経済eビジネス新書　No.394
すごいベンチャー2021〔前編〕

【本誌（底本）】
編集局　中川雅博、長瀧菜摘、常盤有未、宇都宮　徹
デザイン　池田　梢
進行管理　平野　藍
発行日　2021年9月4日

【電子版】
編集制作　塚田由紀夫、長谷川　隆
デザイン　市川和代
制作協力　丸井工文社
発行日　2022年6月16日　Ver.1

発行所　〒103-8345
東京都中央区日本橋本石町1-2-1
東洋経済新報社
電話　東洋経済コールセンター
03（6386）1040
https://toyokeizai.net/

発行人　駒橋憲一

電子書籍化に際しては、仕様上の都合などにより適宜編集を加えています。登場人物に関する情報、価格、為替レートなどは、特に記載のない限り底本編集当時のものです。一部の漢字を簡易慣用字体やかなで表記している場合があります。本書は縦書きでレイアウトしています。ご覧になる機種により表示に差が生じることがあります。

※本刊行物は、電子書籍版に基づいてプリントオンデマンド版として作成されたものです。